사랑의 미학
사랑의 미학
사랑의 미학
사랑의 미학
사랑의 미학

민중기 엮음

사랑의 위력은
꽃망울처럼
소망스런
꿈이
터질 듯
뿌듯하다.

사랑의 미학

민중기 엮음

문경출판사

책머리에

  이 세상에서 가장 많이 고귀하게 쓰이는 말은 '사랑'이라고 본다.
  우리 인간은 사랑 때문에 태어났고 또 사랑 때문에 살면서 끝내는 사랑 속에서 생을 마감한다.
  이토록 사랑이란 말은 많은 의미를 가지고 쓰인다.
  이러한 사랑을 철인, 시인, 문인, 학자 등이 표현한 진귀한 말들이 있어 이를 모아 하나의 책으로 내고 싶었던 소망에 『사랑의 미학』이란 이름으로 이 책을 펴냅니다. 그리고 바램이 있다면 이 책을 통하여 사랑의 본질을 깨닫고 아름다운 사랑으로 밝은 사회, 밝은 이웃과 행복한 가정이 되었으면 합니다.

※ MJK는 본인의 말임

2019. 08.
민중기

차례

009 **책머리에**

013 **제1부 사랑이란?**
*지금 이 순간,
사랑하지 않는 당신의 시간이 너무 아깝다.*

085 **제2부 사랑의 역설(力說)**
*사랑이 커지면 기쁨이 되고,
기쁨이 커지면 행복이 된다.*

099 **제3부 사랑의 화보**
*애착으로 모은 스케치전으로
추억을 더듬는다*

사랑은 오래 참고, 사랑은 온유하며 투기하는 자가 되지 아니하며, 사랑은 자랑하지 아니하며, 교만하지 아니하며, 무례히 행치 아니하며, 자기 유익을 구치 아니하며, 진리와 함께 기뻐하고 모든 것을 참으며, 모든 것을 믿으며, 모든 것을 바라며, 모든 것을 견디느니라.

-성서 : 고린도전서 13-4-7

제1부

사랑이란?

지금 이 순간,
사랑하지 않는 당신의 시간이 너무 아깝다.

♥ 사랑은 혼돈 속에서 진실로 눈을 띄게 두드러지는 것이다.

♥ 사랑은 울고 웃는다.

♥ 사랑하시오. 사랑하시오. 서서히 사랑하시오.
－시인 조병화

♥ 시간과 사귀며 서서히 사랑하시오.
－시인 조병화

♥ 사랑에는 거짓이 없나니 악을 미워하고 선에 속하라.
－로마서 12:9

♥ 사랑을 행할 때 우리 안에 성령님이 뜨겁게 역사한다. 사랑을 닫으면 성령의 역사도 닫혀 버린다.

♥ 사랑이 커지면 희망이 커진다.

♥ 사랑은 허물을 덮어 주는 것이다

−MJK

♥ 사랑은 때로 고통과 아픔이 있다.

−MJK

♥ 사랑은 힘이다.

♥ 사랑은 본질적으로 불완전하다.

♥ 사랑은 관심과 배려와 위로와 에너지입니다.

♥ 사랑은 인간 간에 모든 대립과 분쟁과 싸움과 경쟁에 있어서 반드시 승리한다.

♥ 사랑은 실천의 동사입니다.

♥ 사랑은 입술로만 해서는 안되며 행하므로 보여 주어야한다.

♥ 사랑하지 아니하는 자는 사망에 머물러 있느니라.
 -요한일서 3:14

♥ 사랑은 자기 자신이나 타인의 영적 성장을 도울 목적으로 자기 자신을 확대시켜 나가려는 의지이다.

♥ 사랑은 모든 것을 살려내는 힘이다.

♥ 사랑 안에 두려움이 없고 온전한 사랑이 두려움을 내어 쫓는다.

♥ 사랑하는 사람은 생명이 있는 사람이다.
 -바그너

♥ 사랑 받고 싶다면 다른 사람을 사랑하고 사랑스럽게 행동하라.
 -벤자민 프랭크린

♥ 사랑은 상처를 주고받으며 꿈을 향하는 것이다.

♥ 사랑은 이웃에게 악을 행하지 아니하나니 그러므로 사랑은 율법의 완성이니라.

♥ 사랑의 힘은 능히 책임을 감당케 한다.

♥ 사랑은 달가운 회사, 주면 줄수록 더욱 줄거리를 만들어 내는 마법의 용량이다.

♥ 사랑은 표현하기 전에는 사랑이 아니다.

♥ 사랑은 고백하고 포옹해야 한다.

♥ 사랑은 기적을 낳는다.

♥ 사랑의 감정은 면역 기능을 강화 시켜준다.

♥ 사랑은 생의 출발이요, 생의 연결이다.
-MJK

♥ 사랑은 인생에 진리요, 철학이다.
-MJK

♥ 사랑은 '주는' 것이 아니라, '하는' 것이고 따라서 '받는' 것이 아니라 '당하는' 것이다.

♥ 사랑은 가장 강력하면서도 동시에 가장 무력하다.

♥ 사랑이야 말로 왕왕 자살의 이유도 되는 것이다.

♥ 사랑은 때로 아픈 것이다.

♥ 사랑하는 것은 상처 받기로 각오하는 것이다.

♥ 사랑은 계산하지 말고 주는 것으로 만족하는 것이다.

♥ 사랑은 청춘의 열병이다

♥ 사랑은 상대를 위해 기도하는 것이다.

♥ 사랑은 숙면이다.

♥ 사랑은 거룩한 일에 낭비하는 것이다.

♥ 사랑은 마음을 전하는 것이다.

♥ 사랑에는 놀라운 힘이 있다 (모든 두려움을 이기게
   하는 힘)

♥ 사랑은 엔드로피의 자연 법칙을 무산시키는
   기적적인 힘이다.

♥ 사랑은 이웃에게 악을 행하지 않는다.

♥ 사랑의 극치는 섹스(SEX)다.

♥ 사랑은 국경도 없다.

♥ 사랑은 행함에 있다.

－MJK

♥ 사랑이 우리를 거듭나게 하고 구원을 얻게 한다.

♥ 사랑이란 율법의 완성이다.

♥ 사랑은 서로의 허물을 덮어주고 서로의 장점을 칭찬해 주는 것이다.

♥ 사랑은 결코 떨어질 수 없는 '연리지'와 같은 것이다.

♥ 사랑의 본질은 나이와 상관이 없다.

♥ 사랑의 정의는 남녀 간에 그리워하거나 좋아하는 마음이다.

♥ 사랑이 많은 쪽이 사랑이 적은 쪽에게 지는 법이다.

♥ 사랑은 주님이 명령하신 분부다.

♥ 사랑에는 생명과 유익이 있다.

♥ 사랑에 빠지면 약도 없다.

♥ 사랑에 매달릴수록 사랑은 멀어진다.

♥ 사랑이 희망이 됩니다.
－대한 적십자사

♥ 사랑은 눈을 멀게도 한다.
－MJK

♥ 사랑은 기독교의 황금률이다.

♥ 사랑은 우리의 삶에 가장 큰 힘이 된다.

♥ 사랑은 우리의 삶에 가장 큰 힘이 된다.

♥ 사랑은 정의를 통해서 굳세어지고 정의는 사랑을 통해서 더욱 빛이 나는 것이다.

♥ 사랑은 죽음을 소멸시키며 죽음을 공허한 환영으로 바꾸어 버린다.

♥ 사랑 없는 자에게 사랑을 알아듣게 할 수 없다.

♥ 사랑은 혼자 키우지 못한다.

♥ 사랑은 홀로 서서 증거 하지 못한다.

♥ 사랑에는 반드시 그 대상이 있어야 하며 또 표현되어야 한다.

♥ 사랑은 인생의 근본이 되는 최초가 아니다.
그 마지막이다.

♥ 사랑은 요약할 수 없다.

♥ 사랑하는 것은 인간의 본능이다. 사랑 할 수만 있다면 무엇이든 사랑하라.
-MJK

♥ 사랑은 뇌졸증 남편의 언어를 되찾게도 한다.

♥ 사랑은 그리움과 기다림의 연속이자 인고의 세월을 감내하는 장인의 자세를 연상케하는 것이다.
-오정훈 작가

♥ 사랑은 퍼 줄수록 불어난다.
-복지사 임소현

♥ 사랑이란 대화의 충만이다.

♥ 사랑은 모든 사람이 구하고 있는 것이다. 사랑은 숙소이기 때문에

♥ 사랑은 누군가의 약점을 두 손에 쥐고 흔들어 대지 않는다.

♥ 사랑이 없는 곳은 어디서나 반목과 투쟁이다.

♥ 사랑은 광대무변 하다.

♥ 사랑이란 모든 욕망으로부터 자유로운 마음의 상태를 말한다.

♥ 사랑은 수고와 희생으로 이루어진다.

♥ 사랑은 가정 회복의 열쇠다.

♥ 사랑은 역사를 바꾼다.

♥ 사랑은 사랑을 해본 사람만이 느낄 수 있고 그 맛을 알 수 있다.

－MJK

♥ 사랑은 허다한 죄를 덮느니라.

－성경 : 벧전 4:8

♥ 사랑은 변함없는 것이며 영원한 것이다.

♥ 사랑은 끓이는 것이고, 미움은 삭이는 것이다.

♥ 사랑은 상대를 배려하는 것이다.

♥ 사랑이 곧 신이다.

♥ 사랑만이 희생을 강요하지 않는다.

♥ 사랑이란 말은 의미가 신비롭고 귀함을 깨닫게 된다.

♥ 사랑은 악조건을 고치는 효험이 있고 당신과 나와의 적극적인 이해와 죽음을 이기는 마력이 있다.

♥ 사랑은 예찬이고 겸허이며 체험과 비밀이다.

♥ 사랑이란 말은 흐뭇하고 행복을 주며 죽어 가는 자에게 희망을 준다.

♥ 사랑 받고 싶다면 다른 사람을 사랑하고, 사랑스럽게 행동하라.
― 벤자민 프랭크린

♥ 사랑이 적으면 적을수록 인간은 고뇌를 더 많이 받는다.

♥ 사랑은 그것이 스스로의 희생일 때에만 사랑인 것이다.

♥ 사랑은 원인이 아니라 자신 속에 있는 신의 정신을 처음 의식 하는 것이다.

♥ 사랑은 모든 동물의 본능이다. 사랑하라. 사랑은 죄가 아니다.

─MJK

♥ 사랑 없이 남을 대할 수 있는 상대란 있을 수 없다.

♥ 사랑은 개인의 생활을 세계의 생활과 결합 시켜주는 것이다.

♥ 사랑은 죽음을 소멸시키며 죽음을 공허한 환영으로 바꾸어 버린다.

♥ 사랑은 인생을 무의미한 것으로부터 유익한 것으로 바꾸고, 불행에서 행복을 만들어 낸다.

♥ 사랑에 의해서 만이 인생은 지탱되고 움직여 가는 것이다.

♥ 사랑아 네가 어찌 그리 아름다운지, 어찌 그리 화창한지 즐겁게 하는구나.
―성경 : 아가 7:6

♥ 사랑에는 어떤 두려움도 없다.

♥ 사랑은 곧 삶이다.

♥ 사랑의 특징은 동행이요, 그와 하나 됨을 느끼는 것이다.
―2013. 하늘양식

♥ 사랑이란 남의 아픔을 찌르지 않는 것이요 잘못을 알고도 들먹이지 않는 것이다.
―2013. 하늘양식

♥ 사랑은 모든 속박으로부터의 자유이다.

♥ 사랑은 욕망이 아니라 욕망으로부터의 자유가 곧 사랑이다.

♥ 사랑은 사랑 자체의 순수함 속에 존재하고 사랑 자체 때문에 빛난다.

♥ 사랑에는 단계가 있다. 홀로 성숙하고 나서야 비로소 타인을 위한 사랑의 땔감이 될 수 있다.
-2013. 하늘양식

♥ 사랑은 모든 허물을 가리느니라.
-잠언 10:12

♥ 사랑은 물질적인 협력에 있는 것이 아니라 이웃에 대한 정신적인 협력 속에 있는 것이다.

♥ 사랑은 개개인의 인간에게도, 모든 인류에게도, 내면적이면서도 외부적인 행복을 주는 것이다.

♥ 사랑은 말로만 그치는 것이 아니라 남에게도 행복을 가져다주는 실행이다.

♥ 사랑만이 두려움을 물리친다.
　　　　　　　　　　　　　　　－2013. 하늘양식

♥ 사랑의 손길은 인간의 탐욕에 의해 결코 훼손 될 수 없다.

♥ 사랑함으로 사랑의 열매를 맺게 하느니라.
　　　　　　　　　　　　　　　　　－예수님

♥ 사랑의 감동은 병도 치유케 한다.
　　　　　　　　　　　　　　　　　　－MJK

♥ 사랑받은 사람만이 사랑 할 수 있다.
　　　　　　　　　　　　　　　－2013. 하늘양식

♥ 사랑을 갈구 하는 것은 유아나, 어린이나 젊으나, 늙으나 인간은 누구나 마찬가지이다.
　　　　　　　　　　　　　　　　　　－MJK

♥ 사랑의 동기는 호기심이다.

♥ 사랑 때문에 성육신하셨고, 사랑 때문에 십자가를 지셨고, 사랑 때문에 부활하신 예수님이시다.

♥ 진실한 사랑은 목숨까지도 주는 것이다.
-MJK

♥ 사랑을 해보지 않은 사람은 그 맛을 모른다.
-MJK

♥ 사랑을 느낄 때면 눈물을 흘립니다.
-김현희

♥ 사랑이란 이유 없이 누군가의 편이 되어 주는 것이다.
-하늘양식

♥ 사랑은 세상에서 가장 아름다운 것이다.
-MJK

♥ 사랑의 감동이나 슬픔은 절대 일상의 큰 문제에서 시작되는 것이 아니라 사소하게 무시하고 지나쳐 버리는 것이다.

♥ 사랑이 무엇인지 배우려면 먼저 있는 그대로의
　상대방을 만나야한다.

♥ 사랑의 경계가 조금씩 넓어져 자신과 타인에 대한
　경계마저 없어지는 것이 참 사랑에 도달하는 길이다.
　　　　　　　　　　　　　　　　　　　－하늘양식

♥ 사랑은 모든 것을 감싸준다.

♥ 사랑은 굶은 개 앞의 상한 고기 덩이와 같다.
　　　　　　　　　　　　　　　　　　－작가 한창훈

♥ 사랑은 모든 문제를 해결한다.

♥ 사랑은 장담할 수 없는 것이다.

♥ 사랑에는 거짓이 없나니 악을 미워하고 선에 속하라.
　　　　　　　　　　　　　　　　－성경 : 로마서 12:9

♥ 사랑은 행복의 원천이다.
-MJK

♥ 사랑은 기독교의 핵심이다.

♥ 사랑이란 두 글자는 이 세상에서 가장 아름다운 단어이다.
-MJK

♥ 사랑은 인간 삶에 무한한 에너지이다.
-MJK

♥ 사랑은 글을 숙성 시키는 특급 발효제다.
-이외수

♥ 사랑은 순종하는 것이다.
-MJK

♥ 사랑은 순종 뒤에서 작용하는 강한 추진력이다.

♥ 사랑과 결혼은 말과 마차처럼 함께 간다.

♥ 사랑은 모든 것을 긍정적으로 바라보는 것이다.

♥ 사랑은 이웃에게 악을 행하지 아니하나니 그러므로 사랑은 율법의 완성이다.
-하늘양식

♥ 사랑은 내가 그 사람의 입장이 되어서 타인을 배려하는 것이다.
-하늘양식

♥ 사랑은 어떤 의약품보다도 효과적인 건강 보조제이자 성공과 행복의 특효약이다.

♥ 사랑은 소소한 일까지도 감사하는 것이다.

♥ 사랑하면 놀라운 능력을 체험한다.

♥ 사랑은 얼굴을 평화롭고 아름답게 만든다.

　　　　　　　　　　　　　　　　　　－MJK

♥ 사랑은 대상에게서 아름다움을 발견하는 일로부터 시작된다.

　　　　　　　　　　　　　　　　　　－이외수

♥ 사랑에 조건이 붙는 순간, 그것은 사랑이 아니라 거래다.

　　　　　　　　　　　　　　　　　　－이외수

♥ 사랑은 누가해도 아픈 것이다.

　　　　　　　　　　　　　　　　　　－이외수

♥ 사랑하되 사랑을 강요하지 말라.

♥ 사랑 안에 두려움이 없고 온전한 사랑이 두려움을 내 쫓나니 두려움에는 형벌이 있음이라.

　　　　　　　　　　　　　　　　　　－성경

♥ 사랑은 밥도 초월한다.

　　　　　　　　　　　　　　　　　　－이외수

♥ 사랑은 상대로부터 비롯되는 생로병사 희로애락 모두를 아무 불평 없이 굳게 끌어안는 것이다.
― 이외수

♥ 진정한 사랑에는 이별이 따르지 않는다.
― 이외수

♥ 사랑은 머리가 아니라 가슴이다.
― 이외수

♥ 사랑은 점괘를 초월한다.
― 이외수

♥ 사랑은 감싸는 것이다.
― MJK

♥ 사랑은 희망이다.

♥ 사랑은 두려움을 내 쫓습니다.

♥ 사랑은 서로 마음을 주는 것이다.

♥ 사랑은 서로 책임감을 느끼는 것이다.

♥ 사랑은 인간의 근원적 사실이요, 인간의 기본적 욕구요, 가장 중요한 가치다.

♥ 사랑은 고독하지 않은 것이다.

♥ 사랑은 싸우지 않는 것이다.

♥ 사랑은 무시하지 않는 것이다.

♥ 사랑은 존중하는 것이다.

♥ 사랑은 깊은 대화를 나누는 것이다.

♥ 사랑은 정신의 양식이다.

♥ 사랑은 인생의 원동력이다.

♥ 사랑은 아름다워라.
－오천석

♥ 사랑에 성공은 인생에 성공이다.
－MJK

♥ 사랑은 용기요, 도전이다.
－MJK

♥ 사랑이란 서로를 키워주며 나아가선 서로의 영혼을 찾아주는 행위이다.
－김남조

♥ 사랑은 상처를 허락하는 것이다.
─공지영

♥ 사랑하면 행복해진다.

♥ 사랑에 빠지는 것을 두려워하지 말라.

♥ 사랑은 태초에 통제 불가능한 것이니 애쓰지 말고, 조심스러워 하지도 말라.

♥ 사랑을 잘 못하면 상처를 남긴다.
─MJK

♥ 사랑을 깨는 것은 죄악이다.
─MJK

♥ 사랑 할 땐 누구나 시인이 된다.
─플라톤

♥ 사랑에는 반드시 낭비의 요소가 있다.

♥ 사랑이란 대화의 충만이다.

♥ 사랑처럼 흔한 말도 없으며, 사랑처럼 귀한 것도 없다.

♥ 사랑은 소리가 없다.

♥ 사랑의 바이러스를 내 영혼에 심으면 미운 바이러스를 물리치게 된다.

♥ 사랑엔 진짜 외모가 없다.

♥ 사랑은 인생의 퇴비다.

－MJK

♥ 사랑은 관심이요, 책임이며, 존경이요, 주는 것이다.

－에리히 프롬

♥ 사랑은 힘이요, 능력이다.

♥ 사랑은 끓이는 것이고, 미움은 삭히는 것이다.

♥ 사랑한다는 말만 들어도 마음을 설레게 한다.

－MJK

♥ 사랑은 말로 하는 게 아닙니다. 오직 그대만을 바라보며 기쁘게 해주는 것입니다.

♥ 사랑은 큰 소리로 하는 게 아닙니다. 오직 그대를 위하여 조용히 속삭이며 노래하는 것입니다.

♥ 사랑은 자랑하는 게 아닙니다. 오직 사랑하는 것을 위하여 모든 것이 되어 주는 것입니다.

♥ 사랑만큼 훌륭하고 아름다운 것은 없다.

♥ 사랑은 변화 시키는 힘이 있다.

♥ 사랑은 위대한 기적을 낳는다.

♥ 사랑받고 싶다면 다른 사람을 사랑하고 사랑스럽게 행동하라.

♥ 사랑을 나누는 것은 사랑하는 마음이 있을 때만 아름답고 달콤한 것이다.

♥ 사랑은 말없이 눈과 마음으로 전해질 때 진정 아름답다.

♥ 사랑은 아픔을 동반한다. 아픔이 없는 사랑은 진정한 사랑이 아니다.

♥ 사랑하기 때문에 참고, 사랑하기 때문에 양보하며, 사랑하기 때문에 섬기고, 사랑하기 때문에 손해를 본다.

♥ 사랑의 위대한 힘과 능력은 가장 숭고하다.

♥ 사랑은 예수님이 모든 율법을 한 단어로 요약해 주신 최고의 계명이다.

♥ 사랑은 하나님의 본질입니다. 또한 기독교의 본질입니다.

♥ 사랑이란 생각의 깊이와 무게를 말한다.

♥ 사랑이란 내가 상대방을 만났을 때 얼마나 기쁜 마음이 드느냐의 '양'과 '질'에 대한 것이다.

♥ 사랑만큼 귀중한 보약은 없다.

♥ 사랑 앞에 인간은 그 어떤 명약으로도 얻어질 수 없는 기적을 경험하기도 한다.

♥ 사랑은 인생을 뜨겁게 한다.

♥ 사랑은 인생을 밝게 한다.

♥ 사랑은 인생의 태양이다.

♥ 사랑이 교육의 본질이다. 방법은 이 사랑에서 자연히 나온다.

-페스탈로찌

♥ 사랑은 인생을 따뜻하게 하는 화목의 원리다.

♥ 사랑은 존재의 시발점이다.

♥ 사랑은 인생의 최고선이요, 지상에서 가장 아름다운 것이다.

♥ 사랑의 충만은 생명의 완성이다.

♥ 사랑은 아낌없이 주는 것이다.

♥ 사랑은 눈감아 주는 것이며 무조건적이다.

♥ 사랑은 상대방을 자신의 본질로 돌아가게 하는 것이다.

♥ 사랑은 사람과 사람을 하나로 묶는 결합의 원리다.

♥ 사랑은 일체화의 원리다.

♥ 사랑은 인생을 풍요롭게 하는 비타민이다.

♥ 사랑에 왕도는 없다.

♥ 사랑만큼 상큼하면서도 뜨거운 맛이 있을까, 하지만 사랑도 노하우가 있어야 한다.

♥ 사랑은 둘이 엮어가는 것이다.

♥ 사랑은 생명이다.

♥ 사랑은 사람을 온전하게 만들고 남을 섬기도록 하는 것이다.

♥ 사랑은 전능하다.

♥ 사랑의 씨앗은 사람이다.
                                            －MJK

♥ 사랑은 환상이다.

♥ 사랑은 마술이고, 연애는 기술이다.

♥ 사랑은 새로운 것을 창조해내는 능력이다.

♥ 사랑은 길이다.

♥ 사랑은 조물주가 인간에게 부여한 가장 아름답고, 가장 강렬하고, 가장 향기로운 정서다.

♥ 사랑은 우리에게 생기를 주고, 희열을 주고, 젊음을 주고, 행복을 준다.

♥ 사랑이란 인간 최고의 양식이다.

♥ 사랑은 하나님께서 주시는 최고의 은사이다.

♥ 사랑이 인생의 중심이 되어야한다.

♥ 사랑은 인간의 알파요 오메가다.

♥ 사랑은 인격의 혁명이다.

♥ 사랑은 공재(共在), 공생공감(共生共感)의 감정이요 의지다.

♥ 사랑은 자타 일체감이다.

♥ 사랑은 생명체의 불꽃이 가장 뜨겁게 타는 것이다.

♥ 사랑은 인생의 근원적 가치요 목적적 가치다.

♥ 사랑은 가치 중의 가치요, 가장 으뜸가는 가치다.

♥ 사랑은 행복의 핵심을 이룬다.

♥ 사랑은 인간 존재의 근원이다.

♥ 사랑이 인생의 대본이다.

♥ 사랑은 존중하는 것이다.

♥ 사랑은 깊은 대화를 나누는 것이다.

♥ 사랑은 서로 책임감을 느끼는 것이다.

♥ 사랑은 인생의 원동력이다.

♥ 사랑은 관심을 갖는 것, 정을 서로 주고받는 것, 항상 같이 있고 싶은 심정, 나의 정성을 쏟고 싶은 마음이다.

♥ 사랑은 고독하지 않은 것이다.

♥ 사랑은 미워하지 않는 것이다.

♥ 사랑은 싸우지 않는 것이다.

♥ 사랑은 무시하지 않는 것이다.

♥ 사랑은 누군가와 함께 나누는 것이다.

♥ 사랑은 눈을 멀게도 하고, 눈을 뜨게도 한다.

♥ 사랑은 게임이 아니라 예술이다.

♥ 사랑에 좌절해 죽을 결심이라면 살아남아서 죽도록
  사랑하라.

♥ 사랑은 아픔을 낳고, 사랑은 아픔을 치유한다.
  그리고 사랑은 아픔 그 자체이다.

♥ 사랑의 반대는 미움이 아니라 무관심이다.

♥ 사랑은 모든 문제를 아름답게 해결한다.

♥ 사랑은 서로가 베개를 바꾸어 베는 것과 같다.

♥ 사랑에 있어 유일하게 변치 않는 점 한 가지는 보편성이다.

♥ 사랑에 있어 유일하게 공통적인 점 한 가지는 가변성이다.

♥ 사랑은 인생의 열병이요 광기이다.
― 스탕달

♥ 사랑은 우리를 맹목으로 만든다.

♥ 사랑은 영혼의 근원이 되는 것이며 이 세상을 살만하게 만드는 유일한 것이다.

♥ 사랑은 인생의 주성분이다.
－괴테

♥ 사랑은 여자의 생활을 감싼다. 여자의 지옥도 되고, 천국도 된다.
－시이초

♥ 사랑은 인생의 지극한 축복이다.

♥ 사랑은 상대방을 자신의 본질로 돌아가게 하는 것이다.

♥ 사랑은 사랑의 표현과 행동으로 성숙된다.

♥ 사랑은 종종 눈을 멀게 한다.

♥ 사랑은 모든 것의 해답이다.

♥ 사랑은 귀 기울임이다.

♥ 사랑은 아낌없이 주는 것이다.

♥ 사랑은 눈감아 주는 것이며 무조건적이다.

♥ 사랑은 창조의 원동력이다.

♥ 사랑은 행복의 원천이다.

♥ 사랑은 인간의 큰 힘이요, 가장 놀라운 덕이요, 가장 강한 무기요, 가장 생산적인 자본이요, 가장 밝은 빛이다.

♥ 사랑의 충만이 행복이다.

♥ 사랑이란?
   1. 관심을 갖는 것
   2. 책임을 느끼는 것
   3. 존중히 여기는 것
   4. 이해하는 마음을 가지는 것
   5. 주는 것
-에틱프름

♥ 사랑은 삶의 상처를 푸는 방정식이다.

♥ 사랑은 사람을 성숙시킨다.

♥ 사랑하는 것이 사는 것이다.

♥ 사랑은 긍정적인 느낌이며 우리가 우리의 삶 가운데에서 이 느낌을 키워 나갈 수 있다면 그 느낌들은 틀림없이 우리를 둘러싸고 있는 모든 부당한 조건들로부터 우리를 자유롭게 해주는 것이다.
-시드 뱅크스

♥ 사랑은 생명의 뿌리이다.

♥ 사랑은 인생 최고 목표이다.
-MJK

♥ 사랑은 사람을 변화시키는 에너지다.

－이상구 박사

♥ 사랑은 삶의 기본 동작이며 사랑이 없으면 사람은 아무것도 아니다.

♥ 사랑의 사대 요소
  1. 사랑은 상대에게 깊은 관심을 갖는 것이다.
  2. 사랑은 상대의 행복에 책임을 느끼는 것이다.
  3. 사랑은 상대를 귀하게 여기는 것이다.
  4. 사랑은 주기를 원하는 것이다.

♥ 사랑에는 많은 아픔이 따르고 언제나 위험이 도사리고 있다.

－멀리사인

♥ 사랑이란 주면 줄수록 더 많이 얻게 되는 것이다.

－말비나 레이를즈

♥ 사랑의 본질은 근접성에 있다.

♥ 사랑은 신이 인간에게 준 최대의 선물이다.

♥ 사랑한다는 것은 봉사하는 것이다.
-안병욱 교수

♥ 사랑과 행복은 밀접한 관계에 있다.

♥ 사랑이란 다른 사람에게로 팔을 뻗쳐 그들이 좀 더 풍요로운 삶을 발견 할 수 있도록 도와주는 아량 있는 마음이다.
-릴리언스미스

♥ 사랑한다는 것은 동정한다는 것이다.
-안병욱 교수

♥ 사랑한다는 것은 모든 생명에 관심을 갖는 것이다.
-안병욱 교수

♥ 사랑하는 것은 기쁨을 같이 나누고 슬픔을 같이 나누고, 고생을 같이 나누는 것이다.
-안병욱 교수

♥ 사랑한다는 것은 용서하는 것이다.
-안병욱 교수

♥ 사랑한다는 것은 친절을 베푸는 것이다.
                                    −안병욱 교수

♥ 사랑은 자기 자신을 존재하게 하는 힘이다. 그것은 그 자체의 가치다.
                                    −T 와일더

♥ 사랑이 있는 곳에 눈물이 있고, 사랑이 있는 곳에 기쁨이 있다.
                                    −MJK

♥ 사랑은 지금 실천해야한다.
                                    −톨스토이

♥ 사랑은 홍역과 같다. 그것은 인생에서 늦게 올수록 더 나쁘다.
                                    −DW 제럴드

♥ 사랑은 만인의 편두통이다. 영상에는 밝은 얼룩이 있고 이성까지 더럽힌다.
                                    −R 그레이브즈

♥ 사랑은 가장 달콤한 기쁨이요, 가장 처절한 슬픔이다.
                                    −PJ 베일리

♥ 사랑은 두 사람의 자기중심주의이다.

♥ 사랑은 끝없는 신비이다. 그것은 설명 할 수 있는 것이 전혀 없기 때문이다.
―타고르

♥ 사랑은 아름다운 꿈이다.
―W 샤프

♥ 사랑은 미의 중개에 의한 생식의 욕망이다.
―몽테뉴

♥ 사랑이란 완전히 알려지고 모조리 용서 받으려는 마음에 불명의 갈망이다.
―H 반다이크

♥ 사랑은 파수를 맡아 줄 친구를 가지려는 열망이다.
―핼리텍스 공작

♥ 사랑은 억제할 수 없이 갈망 받으려는 억제할 수 없는 욕망이다.
―R 프로스트

♥ 사랑은 큰 재산보다도 더 낫다.

-J 리드게이트

♥ 사랑은 야심보다 현명하다.

-BW 프록터

♥ 사랑하면서 바보가 되지 않는 사람은 결코 사랑하면서 현명해질 수 없다.

-T 라이크

♥ 사랑을 말하려거든 낮은 소리로 말하라.

-셰익스피어

♥ 사랑의 말은 눈에 있다.

-플레처

♥ 사랑은 속기 쉬운 것이다.

-오바디우스

♥ 사랑은 허다한 죄를 덮는다.

-베드로전서 4:8

♥ 사랑은 욕정이요, 사랑은 마귀다.
   사랑 이외의 악마는 없다.

― 셰익스피어

♥ 사랑은 수단도 방법도 모른다.

― P 플레러

♥ 사랑이 있는 곳에는 부족이 없다.

― R 브름

♥ 사랑에 미치면 누구나 장님이 된다.

― 프로페르티우스

♥ 사랑은 치료약이 없는 질병이다.

― 드라이든

♥ 사랑은 인생의 소금이다.

― J 세필드

♥ 사랑의 본질은 정신적인 불이다.

― 스베덴 보리

♥ 사랑이란 마냥 두려움에 쫓기는 것이다.
-트로일러스와 크리세이드

♥ 사랑이란 자유이다.

♥ 사랑은 엄청나게 싼 값인 대상에 대하여 우리의 영혼은 가지고 지불하는 수고를 우리에게서 덜어주는 저 존재의 충족을 우리에게 주는 것이다.

♥ 사랑의 치료책은 더욱 사랑 하는 것 밖에는 없다.
-HD 도로우

♥ 사랑받지 못하는 것은 슬프다. 그러나 사랑 할 수 없는 것은 훨씬 더 슬프다.
-MD 우나무노

♥ 사랑은 때로는 이성의 눈을 멀게 하고 때로는 어린 애로 만들고, 때로는 미치광이로 만들기도 한다.

♥ 사랑처럼 아름다운 것도 없다.

♥ 사랑의 힘은 다시 없이 훌륭한 행위를 할 수 있도록 사랑을 승화 시킨다. 그런가 하면 한 없이 어리석게 만들기도 한다.

♥ 사랑은 스스로 선택하는 고통이다.

♥ 사랑은 인간의 유일한 이성적인 활동이다.

♥ 사랑은 인생의 온갖 모순을 해결하는 참된 행복이자 최상의 행복이며 그것은 죽음의 공포를 없앨 뿐만 아니라 남을 위한 자기희생으로 사람을 이끈다.

♥ 사랑은 사람을 장님으로 만들기 쉽다.

♥ 사랑이란 여행이요, 운동이요, 급격하게 결합하는 과정이다.

♥ 사랑할 수 있는 사람이 있을 때에만 사랑은 행복이 될 수 있다.

♥ 사랑이란 오로지 현재의 활동이다.

♥ 사랑은 자기 자신보다도 다른 사람을 좋아하는 내적 활동이다.

♥ 사랑이란-신비로운 인간 감정이다.

♥ 가장 좋은 보약은 사랑뿐이다.

♥ 사랑은 욕망이 아니라 욕망으로부터 자유가 곧 사랑이다.

♥ 사랑은 사랑 자체의 순수함 속에 존재하고 사랑 자체 때문에 빛난다.

♥ 사랑한다는 것은 누구나가 홀로 그리고 아무 도움도 없이 가질 수 있는 개인적인 경험이다.

♥ 사랑은 우리들의 완벽한 목표 지점의 장미처럼
  순수한 것이다.

♥ 사랑이란 현실에서 얻어지는 행복이다.

♥ 사랑 때문에 맺는 관계만이 가장 확실하고 아름답다.

♥ 사랑만 있다면 흙이 되어도 영광이겠다.

♥ 사랑이란 재앙이 가득한 질병이다.

♥ 사랑을 알고, 사랑을 느끼고, 사랑을 감사하며,
  사랑을 추억하는 일이 효도입니다.

♥ 사랑의 절대적인 완성이란 있을 수 없는 것이다.

♥ 사랑이란 여행과 같다. 목적지에 도착하는 것보다 그 과정이 더 좋다.

♥ 사랑은 절대의 자산이다.

♥ 사랑이란 인간의 유일한 이성적인 활동이다.

♥ 사랑은 아픈 것이다. 그 아픔 없이 사랑의 기쁨을 느껴볼 수는 없다.

♥ 사랑이 없는 인생은 아무것도 성취할 수 없다.

♥ 사랑이란 다 때가 되면 찾아오는 법이다.

♥ 사랑은 인생의 영원한 테마이자 불변의 주제이다.

♥ 사랑은 자로 잴 수 없으며, 저울로도 달 수 없다.

♥ 사랑은 참된 생명의 완전하고도 유일한 활동력이다.

♥ 사랑은 고상하지만 때로는 유치하기도 하다.
- MJK

♥ 사랑은 자기를 희생시켰을 때 비로소 참된 사랑인 것이다.

♥ 사랑에는 두려움이 없고, 완전한 사랑은 두려움을 쫓는다.

♥ 사랑은 사람을 온전한 인격으로 만들고 남을 섬기게 한다.

♥ 사랑은 그리스도인들이 가져야 할 최고의 영성이다.

♥ 사랑은 인격에 나타나는 성령의 열매 중 첫째이다.

♥ 사랑은 동적인 것, 건설적인 것, 무엇보다도 기쁨의 창조다.

♥ 사랑이 당신을 더 착하게 더 아름답게 해준다.

♥ 사랑이 제일이다.
－로버트 브라우닝 : 英시인

♥ 사랑이란 현실에서 얻어지는 행복이다.

♥ 사랑은 창조력 그 자체이다.

♥ 사랑의 굴레 속에 갇힐 때 더 이상 사랑은 지속 될 수 없다.

♥ 사랑은 예술이다.
　　　　　　　　　　　　　　　－김동길 교수

♥ 사랑 때문에 결혼하는 사람이 이상적인 결혼이다.

♥ 사랑이 최고
　　　　　　　　　　　　－로버트 브라우닝 : 英시인

♥ 사랑은 얼굴을 평화롭고 아름답게 만든다.
　　　　　　　　　　　　　　　　　　－MJK

♥ 우리의 생을 지속하는데 필요한 것은 사랑이다.

♥ 사랑은 최고의 낙(樂)이다.
　　　　　　　　　　　　　　　　　　－MJK

♥ 사랑의 활동에는 싸움이 없다.

♥ 사랑의 활동은 죽음을 모른다.

♥ 사랑의 활동은 포만을 모른다.

♥ 사랑은 스스로 선택하는 고통이다.

♥ 사랑은 눈으로 경험한다. 그리고 그 느낌은 행위로 만족한다.

－MJK

♥ 사랑치 아니하는 자는 사망에 거 하느니라.

－성서 : 요한일서 3:14

♥ 사랑보다 더 밉살스러운 것은 없다.

－J 밀러

♥ 사랑의 가장 훌륭한 버릇은 달래는 말이다.

－셰익스피어

♥ 사랑은 결점을 보지 못한다.
                                        －J 플러

♥ 사랑은 늘 기적을 잉태한다.

♥ 사랑은 최대의 것이요, 최선의 것이며 세계에서 가장 위대한 것인 동시에 최대 의미가 바로 사랑이다.

♥ 사랑은 모든 허물을 감싸주고 덮어주고 관용해주고, 용서해주고, 불평불만을 제거해주는 만병통치약이다.

♥ 사랑은 인간의 주성분이다.
                                        －피히테

♥ 사랑은 인생의 열병이다.

♥ 사랑은 오래 참고, 사랑은 온유하며 투기하는 자가 되지 아니하며, 사랑은 자랑하지 아니하며, 교만하지 아니하며, 무례히 행치 아니하며, 자기 유익을 구치 아니하며, 진리와 함께 기뻐하고 모든 것을 참으며, 모든 것을 믿으며, 모든 것을 바라며, 모든 것을 견디느니라.
                            －성서 : 고린도전서 13-4-7

♥ 사랑은 언제까지든지 떨어지지 아니하나 예언도
  폐하고 방언도 그치고 지식도 폐하리라.
                              －성서 : 고린도전서 13:8

♥ 사랑은 공유하는 것이다.
                                          －MJK

♥ 사랑은 너와 나의 깊은 만남이다.

♥ 사랑은 최고의 정신치료제이다.

♥ 사랑의 반대는 무관심이며, 증오는 사랑의 변형이다.

♥ 사랑을 주기위해 쓰면 생은 더욱 윤택해져서
  갑절로 되돌아온다.

♥ 사랑은 한 대상에게 갖는 뜨거운 관심이다.
                                         －오혜령

♥ 사랑은 기꺼이 책임감을 가지며 상대방의 인격과 생명, 개성 그리고 같은 정신적 권리를 존중하고 보호해 주는 것이다.

♥ 사랑은 마술이다.
― 오혜령

♥ 사랑의 결핍도 병을 낳고, 사랑의 과잉도 병을 낳는다.

♥ 사랑은 인생의 종합 비타민이다.

♥ 사랑은 인간의 위대한 덕이요, 가장 신비로운 향기요, 가장 찬란한 빛이요, 가장 창조적인 힘이다.

♥ 사랑한다는 것은 동정하는 것이다.

♥ 사랑은 행동을 수반하고 실천하는 것이다.

♥ 사랑한다는 것은 기쁨, 슬픔, 고생을 같이 나누는 것이다.

♥ 사랑한다는 것은 용서하는 것, 친절을 베푸는 것, 봉사하는 것이다.

♥ 사랑의 최고 표현은 헌신적 봉사의 행동이다.
－시바이처

♥ 사랑은 희망이요 건강이며 살아있다는 징표이다.

♥ 사랑은 그 자체가 하나의 예술이요 시다.

♥ 사랑은 아낌없이 빼앗는 것이다.

♥ 사랑의 최고 경지는 하나가 되는 것이다.

♥ 사랑은 깊은 샘물이다.

♥ 사랑은 사랑이 시작되는 그 순간부터 새로운 사랑이다.

♥ 사랑하지 않으면 받는 사랑도 없다.

♥ 사랑은 건강의 반석이요 장수의 뿌리다.

♥ 사랑 받지 못하는 자는 슬프다. 그러나 사랑 할 수 없는 것은 훨씬 더 슬프다.
― 우나무노

♥ 사랑을 모르는 청춘은 죽은 청춘이다.

♥ 사랑하는 자들아 우리가 서로 사랑하자.
사랑은 하나님께 속한 것이니 사랑하는 자마다 하나님께로 나서 하나님을 안다.
― 성경 : 요한일서 4:7

♥ 사랑하지 아니하는 자는 하나님을 알지 못하나니
  이는 하나님은 사랑하심이라.
— 성경 : 요한일서 4:8

♥ 사랑 없는 인생은 메마른 인생이다.

♥ 사랑은 아름다운 것이다.

♥ 사랑은 모든 것을 뛰어 넘는다.

♥ 사랑엔 경계선이 없다.

♥ 사랑은 가장 완전한 관계를 맺는 최고의 진리다.

♥ 사랑을 위하여 하늘은 땅이 되기를 원하고 신들은 사람이 되기를 원한다.

♥ 사랑과 행동은 완전한 지식이 얻어질 수 있는 유일한 매개체이다.

♥ 사랑은 죽음을 막는 생명이다.
-톨스토이

♥ 사랑이란 가장 달콤한 기쁨이요, 가장 처절한 슬픔이다.

♥ 사랑을 받는 것은 행복이 아니다. 사랑하는 것이야말로 행복이다.
-헤세

♥ 사랑은 겸손합니다.

♥ 사랑은 상대의 가치를 인정합니다.

♥ 사랑은 섬깁니다.

♥ 사랑은 칭찬합니다.

♥ 사랑은 그를 구원합니다. 그리고 나를 구원합니다.

♥ 사랑한다는 것은 선한 일을 의미한다.

♥ 사랑한다는 것에 행복을 느끼기 때문에 사랑하는 것이다.

♥ 사랑은 죽음보다 강하다. 죽음의 고통보다 강하다. 오직 사랑에 의해서만이 인생은 지탱되고 움직여 가는 것이다.

― 뚜르게네프

♥ 사랑은 개개인의 인간에게도, 모든 인류에게도 내면적이면서도 외부적인 행복을 주는 것이다.

♥ 사랑은 물질적인 협력에 있는 것이 아니라 이웃에 대한 정신적인 협력 속에 있는 것이다.

♥ 사랑은 원인이 아니라, 자신 속에 있는 신의 정신을 처음 의식하는 것이다.

♥ 사랑이 열렬할수록 그 사랑의 생명이 짧다.

♥ 사랑은 위함이다.

♥ 사랑은 잼(Jam)이다.

♥ 사랑이 선의 핵심이다.

♥ 사랑은 움직이는 것이다.

♥ 사랑은 깊은 공감에서 비롯된다.

♥ 사랑해야 행복하다.

♥ 사랑은 결코 구경꾼의 마음이 아니다.

♥ 사랑은 아버지의 마음이며 어머니의 마음이다.

♥ 사랑은 구별하는 것이다.

♥ 사랑은 그 사람의 삶을 다 살게 한다는 뜻이다.

♥ 사랑은 내 삶을 다 살고 사랑하는 사람의 삶을 다 살게 한다.

♥ 사랑은 곧 영생의 증표다.

♥ 사랑은 허다한 죄를 덮는 능력일 뿐 아니라
  죄의 길에서 돌이키게 하는 변화의 능력이다.

− 성경 : 벧전

♥ 사랑이 두려움을 이긴다.

♥ 사랑은 정신을 미치게 만든다.

♥ 사랑의 힘은 의지의 힘보다 위대하다.

♥ 사랑하면 삶이 새롭게 변한다.

♥ 사랑만이 탐욕과 분쟁을 극복하는 유일한 길이다.

♥ 사랑은 본인이 선택하여야 한다.

− MJK

성경에 나오는 사랑의 단어는
구약에서 645회, 신약에서 648회
쓰였습니다. 사랑의 성경입니다.

제2부

사랑의 역설(力說)

사랑이 커지면 기쁨이 되고,
기쁨이 커지면 행복이 된다.

♥ 사랑의 유효기간은 30개월이다.
　　　　　　　　　－미국 코넬대 신시아하잔 교수

♥ 멜로 영화도, 포르노 영화도 현실의 사랑은 될 수 없다.

♥ 사랑한다는 고백은 '말'로 할 수 있지만 양을 치는 일은 말로 할 수 없다. 삶으로 사랑을 실천하라.
　　　　　　　　　　　　　－2013. 하늘양식

♥ 참 사랑은 상대에게 씌운 자신의 기대와 화장을 지우고 있는 그대로 바라볼 줄 아는데서 비롯된다.

♥ 참 사랑이란, 사랑 할 대상 앞에서 내가 아무것도 아닌 존재가 되는 것이다.

♥ 육체적인 사랑은 일시적이고, 정신적인 사랑은 영속적이다.
　　　　　　　　　　　　　　　　－이외수

♥ 하나님의 사랑은 변함없는 사랑이며, 부패하지 않는 사랑이다.
　　　　　　　　　　　　　　　　－성경

♥ 하나님의 사랑은 순종으로 완성 할 수 있다.

♥ 육체적인 사랑은 외형적인 아름다움에서 비롯되고, 정신적인 사랑은 내면적인 아름다움에서 비롯된다.
－이외수

♥ 온전한 사랑이란 하나님이 우리를 사랑하시는 것처럼 우리도 하나님을 사랑하시는 것입니다.
－성경

♥ 모든 것을 사랑에 걸어라.
－페르시아 시인 루미

♥ 하나님의 본질은 인애, 즉 사랑이라.

♥ 깊은 사랑은 마르지 않는다.

♥ 감동을 주는 삶을 살게 하는 힘은 바로 사랑이다.

♥ 진정한 사랑은 사랑할 수 없는 사람을 사랑하는 것.

♥ 지친 인생 북돋는 힘은 사랑 밖에 없다.

♥ 진정한 사랑이란 아무 조건 없이 내놓는 것이다.
　　　　　　　　　　　　　　　　　－정진권 목사

♥ 무엇보다도 뜨겁게 서로 사랑할지니 사랑은 허다한 죄를 덮느니라.
　　　　　　　　　　　　　　　　　－성서

♥ 하나님의 사랑은 조건 없는 사랑이다.

♥ 이 세상에서 가장 큰 힘은 사랑이다.

♥ 참된 사랑은 죽음보다 강하다.

♥ 사랑이 기적을 낳는다.

♥ 인간은 사랑을 먹고 사는 동물이다.

♥ 산다는 것은 사랑하는 것이요, 사랑한다는 것은 사는 것이다.

♥ 모든 아픔도, 슬픔도, 그리움도, 모든 만남도, 기쁨도, 이별도 사랑이란 나무 아래에서 자란다.

♥ 이 세상에서 가장 큰 힘은 사랑이다.
－헨리밀러

♥ 빵은 육체의 양식이요, 사랑은 정신의 양식이다.

♥ 참 사랑은 경험을 통하여 얻어진다.

♥ 사랑은 이 세상을 살만하게 만드는 단 하나의 힘이다.

♥ 남자의 사랑은 인생의 일부요, 여자의 사랑은 인생의 전부다.
―바이런

♥ 여자에게 있어 사랑은 생애의 역사다. 그러나 남자에 있어서는 한 낱 삽화에 불과하다.
―스타일 부인

♥ 최고의 무기는 사랑이다.

♥ 모든 사람을 사랑하는 사람은 가장 완성된 사람이다.

♥ 남녀가 서로 사랑하므로 새 생명이 탄생한다.

♥ 산다는 것은 사랑하는 것이다.

♥ 참된 사랑은 상대방에게 아무것도 요구하거나 바라지 않으며 자기 자신의 모든 애정을 쏟아주는 것이다.
― 프로렌스 스코벨신

♥ 사람은 사랑 때문에 태어나서 사랑을 먹고 배워서 사랑하다 가는 것이다.
― MJK

♥ 죽음보다 강한 것은 이성이 아니라 사랑이다.

♥ 고통이 없는 사랑에는 삶이 없다.
― 토마스 아 켐피스

♥ 깊이 사랑을 경험하지 못한 사람은 사랑을 아름답게만 생각한다.

♥ 참된 사랑이란 사람이 개인적인 행복을 얻을 수 없다고 깨달았을 때에 비로소 실현되는 것이다.

♥ 확실한 행복은 사랑과 극기로만 얻을 수 있다.

♥ 전자레인지 사랑은 오래가지 못한다.

♥ 남들이 있는 그대로 존재하고 있다는 것을 믿는 것이 곧 사랑이다.

♥ 하느님께서 천지를 창조하신 비밀은 오직 하나- 사랑뿐이다.

♥ 존재의 근원, 모든 움직이는 원동력도 역시 사랑이다.

♥ 수많은 말과 개념을 나열할지라도 사랑은 완전하게 묘사될 수 없다.

♥ 참된 사랑은 생명 그것이다.

♥ 결혼을 위한 사랑은 사람을 만들지만 우정을 위한 사랑은 사람을 완성한다.

－F · 베이컨

- ♥ 가장 위대한 것은 사랑이다.

- ♥ 무분별한 사랑은 진실한 사랑의 가면을 쓴다.

- ♥ 남녀 간의 사랑이야말로 이 세상에서 가장 위대하고, 가장 완벽한 열정이다.

- ♥ 유아기 사랑-나는 사랑 받기 때문에 태어났다.

- ♥ 미숙한 사랑-나는 네가 필요하기 때문에 사랑한다.

- ♥ 성숙한 사랑-내가 너를 사랑하기 때문에 너를 필요로 한다.

- ♥ 우리에게 언제나 부족한 것은 사랑이다.

♥ 사람은 사랑 때문에 태어났고, 태어나서도 곧 사랑을 배운다. 그리고 사랑을 하다가 결국 사랑의 씨앗을 남기고 떠나는 것이 인생이다.

－MJK

♥ 고귀한 사랑은 최고의 낙(樂)이다.

－MJK

♥ "믿음, 소망, 사랑" 이 세 가지는 항상 있을 것인데 그 중 제일은 사랑이다.

－바울

♥ 관심은 곧 사랑이요, 사랑은 곧 관심이다.

－MJK

♥ 친구를 위하여 목숨을 버리면 이보다 더 큰 사랑은 없다.

♥ 하나님의 사랑은 변하지 않는다.

♥ 제일의 사랑은 자기의 이해를 위해서 하나의 존재 혹은 물체를 다른 하나의 존재 혹은 물체보다 더 좋아하는 사랑이다.

－톨스토이

♥ 제이의 사랑은 모든 사람들의 이해관계를 자기의
  것보다 더 아끼는 사랑이다.

  －톨스토이

♥ 모든 욕망으로부터 자유로운 마음의 상태가 바로
  사랑이다.

♥ 깊이 사랑을 경험하지 못한 사람은 사랑을 아름답
  게만 생각한다.

♥ 참된 사랑은 사람이 동물적 자아의 행복을 부정했을
  때에만 비로소 가능하다.

♥ 하나님을 사랑하는 자는 또한 형제를 사랑할지니라.

  －성서 : 요한일서 4:21

♥ 자녀들아 우리가 말과 혀로만 사랑하지 말고 오직
  행함과 진실함으로 하자.

  －성서 : 요한일서 3:18

♥ 은밀한 사랑은 나쁘다. 그것은 곧 파멸에 이른다.

  － 플라우투스

♥ 망가진 영혼을 수선하는 약, 그것 또한 사랑 밖에 없다.

- 오혜령

♥ 사람은 사랑을 먹고 산다.

- 오혜령

♥ 인간의 희망은 사랑에 의하여 생겨나고 사랑은 희망에 의해서 키워진다.

♥ 진실하게 사랑을 하고 있는 사람은 그만큼 인생을 진실하게 사는 사람이다.

♥ 부부의 최고 사랑은 마음과 육체가 하나가 될 때이다.

♥ 참다운 사랑은 섹스의 결합으로써 더욱 밀착되고 다정해진다.

♥ 건전한 사랑은 건강한 인생을 창조한다.

♥ 사랑은 창조의 힘이다.
                                          －로오렌스

♥ 인생은 사랑이요, 그 생명은 정신이다.
                                          －괴테

♥ 생명의 본성은 사랑, 사랑을 줄 때 사랑을 받는다.

♥ 사랑은 책임이다.

♥ 인간이 사랑을 시작했을 때 비로소 삶에 눈을 뜨기 시작한다.
                                          －스큐테리앙

♥ 사랑의 대상은 무엇이든지 될 수 있다.
                                          －MJK

♥ 사랑에 인색해서는 안된다.
                                          －MJK

제3부

사랑의 화보

애착으로 모은 스케치전으로
추억을 더듬는다.

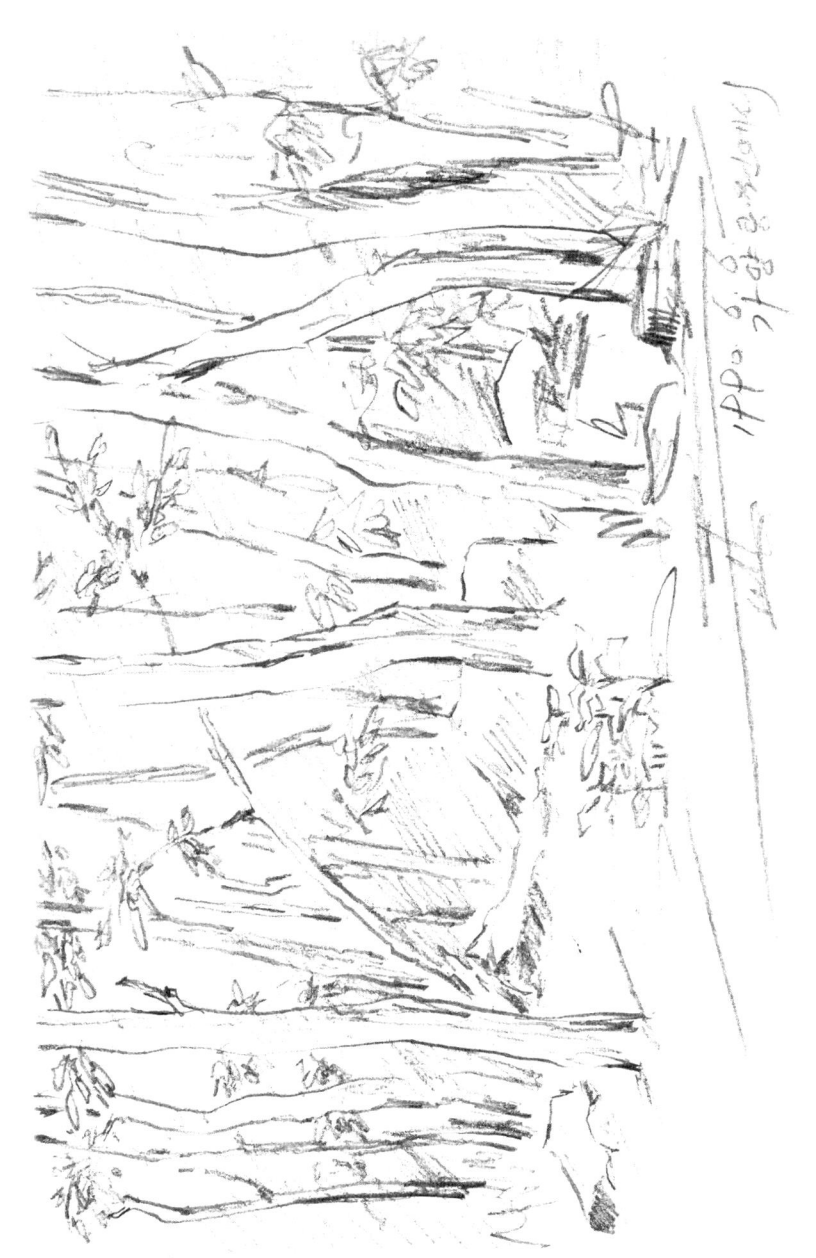

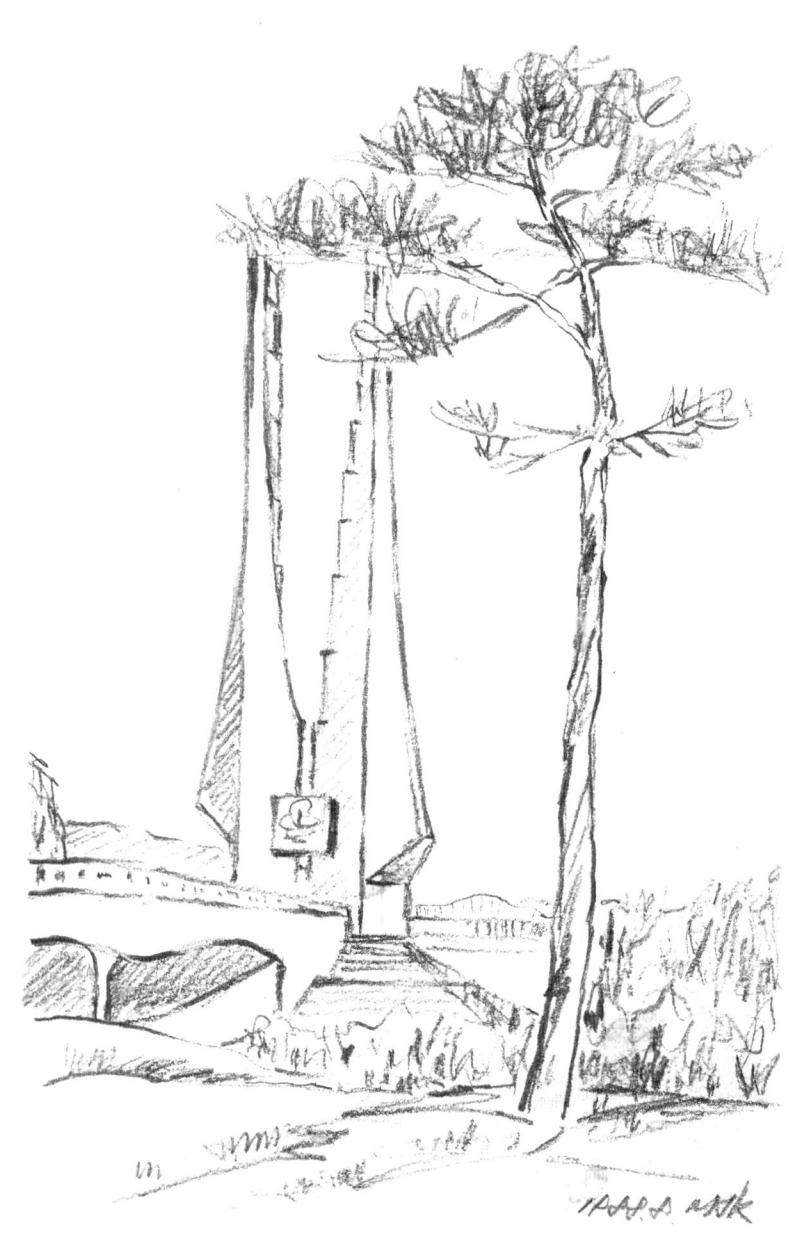

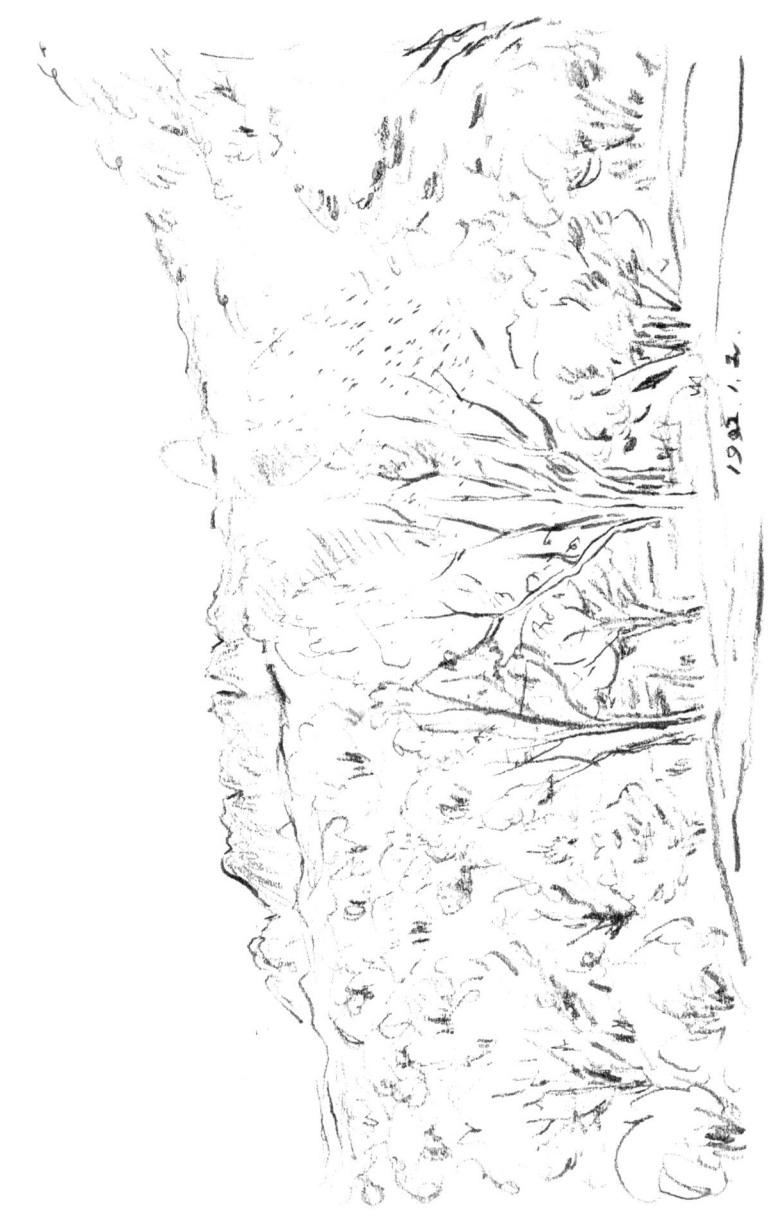

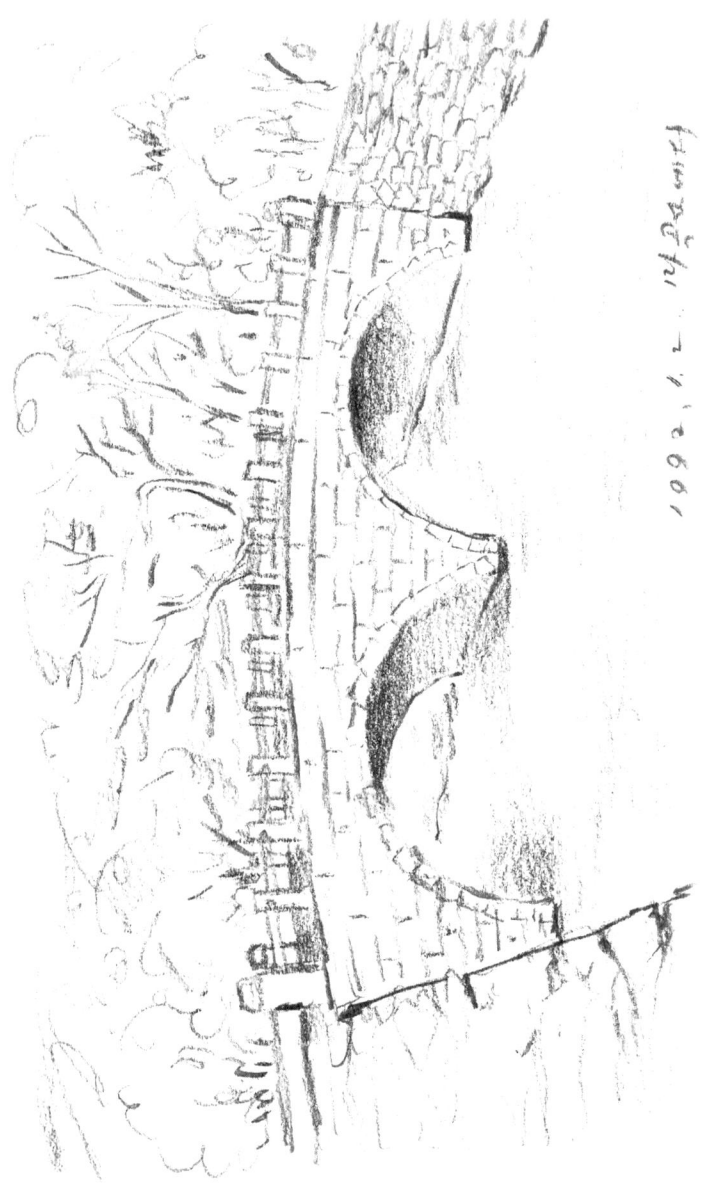

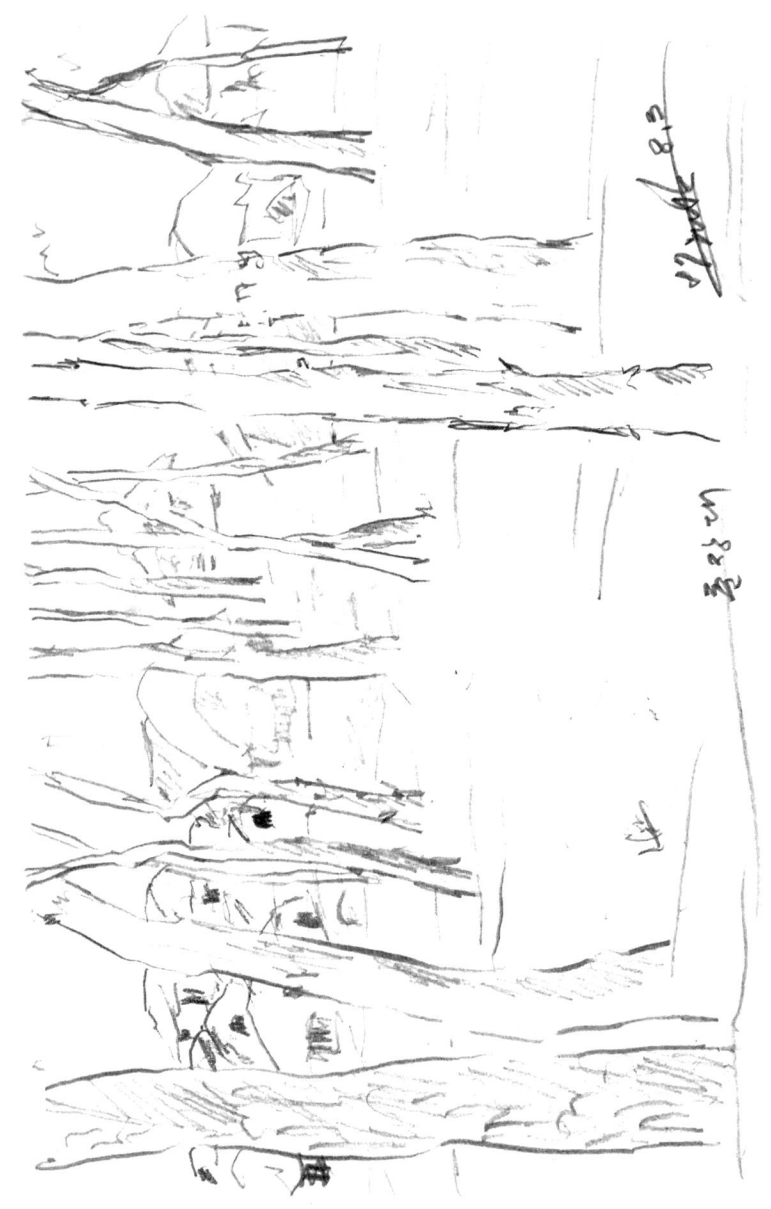

사랑의 미학

초판 인쇄 2019년 8월 25일
초판 발행 2019년 8월 30일
지은이 | 민중기
펴낸이 | 강신용
펴낸곳 | 문경출판사
주　　소 | 34623 대전광역시 동구 태전로 70-9(삼성동)
전　　화 | (042) 221-9668~9, 254-9668
팩　　스 | (042) 256-6096
E-mail | mun9668@hanmail.net
등록번호 | 제 사 113
ⓒ 민중기, 2019

ISBN 978-89-7846-689-9 03810

값 13,000원